Ingo Hetzer

Aus der Entfernung:
Liebe

- Gedichte -

Selm 2002

Hetzer, Ingo:
Aus der Entfernung: Liebe
Gedichte
Selm 2002

© 2002 Ingo Hetzer
Alle Rechte vorbehalten.

fon: 0 23 06 / 7 30 58
net: www.ich-at-net.de
mail: PoetIngo@aol.com

Satz, Einband und Projektmanagement:
buchgestaltung.de
Titelillustration: © 2002 Ingo Hetzer
Druck: Books on Demand GmbH, Norderstedt

ISBN 3-8311-3458-8

In Erinnerung all jener, deren offene
Art und Worte mich schreiben ließen:

fran
skindiver
Mortitia

Vorwort

Es gibt Momente, in denen fühle ich mich unpassend in diesen Zeiten, in denen Sprache eine andere, vor allem werbewirksame Bedeutung und Intention zu haben scheint. Wo alles so schrecklich reduziert ist auf irgendeinen Kern und doch zugleich auch schrecklich hohl klingt.

Ich kann stundenlang in alten Liebesbriefen lesen. In den eigenen oder auch den Zeilen anderer. Von Herzschmerz und Lust und Freude und Liebe und dem Sehnen, das jede Entfernung überbrückt. Dem Sehnen, das jede noch so lange Zeitspanne der Trennung bis hin zum Verschwinden reduziert. Worte von vor 30 Jahren lassen den lesenden Adressaten alle Nuancen der damaligen Gefühlsströme erneut, genauso intensiv noch einmal durchleben.

In Worte gefasste Emotionen haben etwas von Ewigkeit in sich auf diese Weise. Und es ist oft genau diese Art von Berührtsein und Stimmung, die mich schreiben lässt. In dem einen oder anderen Text mag sich das auch für den Leser der folgenden Gedichte offenbaren.

Viele von ihnen sind durch die Inspiration in Begegnungen an einem zugleich oberflächlichen wie doch auch magischen Ort entstanden. Durch die Begegnungen mit den in virtuellen Welten von Chaträumen anwesenden, außergewöhnlichen Menschen. Sie haben für mich stets etwas von einer besonderen Magie gehabt, die auf unerklärliche Weise (Psychologen werden da widersprechen) die realen, räumlichen Distanzen überbrückt und intensive Berührungen ermöglicht hat. Eine Magie, die ein Sich-Öffnen und Klarer-Erkennen bewirkt hat. Eine Magie, die auch durch ein Zurückziehen und Distanzschaffen nicht kraftlos wurde.

In Chatrooms sind für mich vor allem anderen Menschen anwesend. Suchend und voller Leben, das sich ausdrückt in Leidenschaften aller Art. In der Regel nur präsent in kleinen Splittern vom großen Ganzen. Aber ich traf immer wieder auch auf Wesens- und Seelenverwandte. Mir gefiel dann immer der Gedanke, dass eine Seele in viele Teile aufgetrennt auf dieser Welt umherwandert und sich nach und nach im Laufe eines Menschenlebens zusammenfügt in Begegnungen mit anderen, die einen weiteren Teil der selben Seele haben. Aber das ist nur ein schöner Gedanke, nicht meine Religion.

Die Entfernungen innerhalb von Liebesbeziehungen (und ich halte solche innerhalb des Mediums einer virtuellen Welt für möglich) sind sicher vielfältigerer Natur, als allein die Betrachtung der räumlichen Distanz zwischen Liebenden zu belegen vermag. Davon handeln meine Gedichte. Wenn man sie denn so lesen und verstehen mag.

Ich wünsche ein angenehmes Lesen und Berührtsein und vielleicht auch ein Wiedererkennen.

Ingo Hetzer

Dein Name

So unpassend für dich.
Bist ein Träumer,
ein kleiner, leiser.
Einfühlsam und schreibbesessen.
Fast mystisch emotional.
Dann wieder nüchtern
und doch naiv.
Mit funkelnden Augen
wenn du beobachtest
und reagierst.
Auf diese kalte, harte Welt.
Wie soll ich
dich nun nennen?
Am liebsten ...

Wegbegleiter

Party-Begegnung

Dein sprechender Mund,
dessen Worte mir erscheinen
wie ein verlockend süßes Rauschen.
Worte, ganz ohne Sinn,
ohne informative Botschaft.

Deine zarten Lippen,
die auf meinen in stiller Vorfreude
ein Prickeln erzeugen.
Einfach anziehend und voller
unausgesprochener Versprechen.

Deine blitzenden Augen,
voller geheimer Botschaften
die meinen suchend.
Gesandte Verlockung
in einer körperlich spürbaren Sprache.

Deine Hände,
die in scheinbarer Zufälligkeit
mich immer wieder berühren.
Ganz sacht und mit der Zeit
für immer längere Momente.

Alles an dir ist Verlangen,
das mehr und mehr
zu meinem wird.
Bis zum Gleichklang
unserer geheimsten Wünsche.

Wir finden uns
auf einer unsichtbaren Ebene.
Wie in einer Parallelwelt,
außerhalb der Wahrnehmung derer,
deren ungewollter Fixstern
wir bis zu unserem Gehen sind.

Eine Zwillingssonne
- lodernd vor Leidenschaft,
verzehrend in ihrem Hunger -
die in ihrer Abgeschiedenheit
nicht einmal die Bedeutungslosigkeit
ihrer sie umgebenden Trabanten spürt.

One night only?

Erwachen

Ein Auftauchen, unwillig und zögernd,
aus einem Traum entrissen.
Zu früh gestört und fortgezerrt,
mit unbewusst empfundenem Bedauern
schon gehen zu müssen
aus der langersehnten Geborgenheit
einer neu-vertrauten Welt.
Gestörtes Blinzeln
in überflutende Helligkeit rot-goldenen Schimmerns.
Ein sanftes Licht,
das alles um uns herum samtig-warm berührt.
Für einen Moment
unter schweren Lidern deine abwesenden Augen.
Tief und klar,
Bilder der vergangenen Nacht heraufbeschwörend.
Durch kurze Blitze beleuchtete Eindrücke
einer heftig bewegten Landschaft,
die ich als dein Gesicht,
deinen Körper,
deine Hände erkundet hatte.
Sofort erwacht in mir:

Der Forscherdrang

der erneut alle meine Sinne intensiviert
und sich auf dich fokussiert.
Meine Fingerspitzen
schwelgen in Erinnerung
an das neu entdeckte Kribbeln.
Und hinter meinen,

für eine Sekunde geschlossenen Lidern,
entsteht noch einmal
der vergangene Prozess
in dem ich mit streichelnden Händen
deine feucht-erregte Haut
wie eine natürliche Landschaft
kartographierte.
Bis du mich zurückholst
in einem zärtlich-kurzen

Intermezzo

Sacht in meinem Ohr:
gehauchte Worte ohne Sinn.
Ich fühle dein nahes Lächeln,
küsse sanft deinen Hals.
Spüre das leichte Zucken
entlang deiner Schulter laufen.
Lippen necken mein Ohr.
Bis du dich löst
und meinen Blick suchst.
Noch immer lächelnd,
fragende Augen ignorierend,
stehst du auf und gehst.
Wieder allein,
tauche ich zurück
in den kissenweichen Duft,
den du mir hinterlässt.

Hinabsinken

Warm streichelnde Sonnenstrahlen
schläfern mich ein.
Mein Kopf im Kissen
nimmt deinen Geruch auf.
Unbewusst lächelnd
folge ich der Spur
zurück in den Traumsee.
Gedanken kreisen
über wirbelnde Bilder.
Immer neue Visionen
entstehen ... verschmelzen ...
vergehen im Gedankenstrom.
Was bleibt
ist das Gefühl von Wärme.
Bis im Sog der Traumsequenzen
Klarheit entsteht.
Und für lange Momente
ein letztes stilles Bild:

Du

Eingebettet in völliger Ruhe
vor einem Spiegel ohne Bild,
einem bewegten, senkrechten See gleich.
Versunken, in stillem Dialog.
Meine Ankunft bleibt unbemerkt.

Noch immer verwirrt
suche ich dein unsichtbares Gegenüber.
Bis plötzlich,
wie durch aufreißende Wolkenfelder,
ein blendender Sonnenstrahl
auf die geheimnisvolle Fläche fällt.

Die entstehenden Tränen wegblinzelnd
sehe ich ein Antlitz entstehen,
mir bekannte Züge annehmend.
Ich erkenne ... *mich*,
konturenhaft mit ernsten Augen
smaragdene Blicke verstreuend.

Ein Rauschen durchbricht die Stille,
anschwellend im Verblassen des Bildes.
Dunkelheit tastet sich vor
und überzieht alles schwarz.
Ein Geräusch wie ein Wasserfall
zieht mich zurück ins Erwachen.

Zwiespalt

Spüre die Distanz
Zwischen uns.

Will nicht spielen,
möchte den Kontakt

zur Realität nicht verlieren.
Mag mich fallenlassen.

Bin bereit, mich hinzugeben,
doch auch gebunden.

Nicht bereit,
das aufzugeben.

Hasse diese Worte,
denn sie zwingen

unseren Traum
zum Erwachen.

Ich will mehr.
Von dir.

Zwischenbilanz

Ich kenne dich erst
seit ein paar Stunden.

Und doch weiß ich,
wir sind aus einem Holz.

Wie sehnen eine Sucht ...
wir träumen einen Traum ...

Wir lieben nur auf eine Art:
hemmungslos ... bedingungslos

und intensiv.

Unbedingt

Auch ich werde
nicht aufgeben
was ich liebe.

Doch Distanz
habe ich genug
um mich herum.

Ich möchte mich einfach
der Leidenschaft und
dem Abenteuer hingeben.

Ohne für jedes Wort
Rechenschaft
ablegen zu müssen.

Basis

Ich werde nie von dir fordern
irgend etwas aufzugeben.

Aber ich möchte,
dass du mir vertraust.

Und das du deine Angst
vor mir verlierst.
Und das du einfach sagst,
was du empfindest.

Zwischen uns soll Nähe
und Sicherheit sein.

Und Geborgenheit.

Amour fou

Ich bin nicht bereit
mich auf dich einzulassen
wenn du von mir
distanziert sein möchtest.

Lass dich doch einfach fallen,
vertraue mir.

Lass uns träumen
und nicht jedes Wort
an der Realität messen.

Kleine Unendlichkeit

Du bist einer jener Träume
wo man über's Aufwachen
weinen könnte.

Aber ich will nicht weinen
über das, was wir nicht haben.
Ich will mich unbändig freuen
über das, was wir haben
und haben werden.

Hab' geträumt von dir

Ich werde versuchen
den Rest des Tages
zu überstehen
ohne großen Schaden
anzurichten ...

Einfach ... sein

War heute morgen
auf einer Beerdigung.
Ziemlich trostlos alles.

Mir ist so gar nicht trostlos,
mir ist nach Tanzen.

Habe noch mal viel
über das Leben nachgedacht,
das wirkliche Leben.
Habe dabei an uns gedacht.

Lass uns Hand in Hand
auf Gräbern tanzen.

Lass uns die Welt
zum Leben zwingen.

Lass uns einander
unbeschwert lieben.

Lass uns ineinander
verwoben leben.

Lass uns einfach ... sein.

Nach dem Aufwachen

Werde in diesen Tag gehen,
unangreifbar sein.

Werde sanft sein
zu allen die mir begegnen.

Denn ich spüre deine Hand
mich berühren.

Mein Herz wird klopfen.
Heftig.

Letzte Hürde

Ich kenne Momente,
wo ich vor Glück
einfach nur strahle
und das Leben
auch als Leben empfinde.

Und dann wieder Momente,
wo ich alles in Frage stelle
und mir einrede,
es kann so nicht sein.

Ich wünschte, ich würde
meinen Verstand
so verlieren,
wie ich mein Herz
verloren habe.

Ein leichtes Zittern

In wenigen Momenten
gestatte ich mir
auch der Schwäche
in mir nachzugeben.

Nachgeben und
nach innen weinen.

Mit dem Effekt
das danach alles
wieder erstrahlt:
dein Bild,
deine Gefühle in mir.

Meine Zärtlichkeit
und Sehnsucht.

Unsere Liebe.

Nacht

Ich wachte auf letzte Nacht,
streichelte meine Brust,
meinen Bauch und Schoß.

Küsste meine Fingerspitzen so,
als wären es die deinen,
die mich sanft berührten.

Und die um die
wohligen kleinen Schauer
unter meiner Haut wussten.

Da vermochten selbst
gelächelte Tränen
die Sehnsucht nicht zu löschen.

Online

Wieder laufen
meine körperlichen Prozesse heftiger ab.
Ganz zu schweigen von dem,
was in meinem Kopf vorgeht.
In einer Mischung aus Müdigkeit,
Hunger und Sehnsucht
habe ich den Tag überstanden.
Aber genau genommen
beginnt der Tag erst jetzt,
wo ich hier bei dir sein werde.
Jetzt, wo wir zusammenfinden
oder ich eine Nachricht von dir
in meiner Mailbox finde,
die mein klopfendes Herz rasen lässt.
Mein Hormonhaushalt
ist so furchtbar durcheinander.
(Nie hätte ich gedacht,
wieviel Romantik doch
in diesem so banalen Satz
verborgen ist.)
Der Gedanke
einer verzehrenden Leidenschaft
ist real geworden.
Mein Hunger ist erwacht.
Und wieder und wieder wünsche ich,
die Umstände würden nicht
gar so einschränkend sein für uns.

Zauberin

Hälst meine Gedanken
gefangen.

Bitte lass mich
nicht weg
von dir ...

Vorsatz

Mein erster Gedanke
an jedem Morgen bist du.

Dann sehe ich auf die Uhr ...
und denke wieder an dich.

Werde daran arbeiten,
die Uhr zu ignorieren.

Will ja keine Sekunde des Tages
sinn-entleert empfinden.

Kleine Ewigkeit

Im Moment freue ich mich
über jede Sekunde Ruhe.

Zeit, die ich ungestört
an dich denken,
von uns träumen kann.

Lass uns doch einfach
weiterträumen voneinander.

Von einer Begegnung
unserer Augen
und unserer Seelen.

Perspektive

Hundert mal am Tag
sehe ich wohl dumm aus.

Dieses stumme Lächeln auf den Lippen
wenn ich an dich denke.

Dieses unbewusste Über-mein-Haar-streichen
wenn ich dich in Gedanken berühre.

Und dieses einfach nur Ins-Nichts-starren
wenn ich dich heimlich treffe.

Das alles macht wohl für andere
einen Narren aus mir.

Nicht aber für mich,
mir scheint es nur natürlich.

Am Abend

Ich bin zu müde zum denken.
Werde ins Bett gehen
und von dir träumen.

Und mich an deine
wundervollen Worte erinnern.

Und auch deinen
wunderschönen Körper berühren.

Ich sehne mich nach dir.
Noch immer ...

mit dir

ich träume von
zeit mit dir

von dem luxus ganzer
nächte mit dir

sogar von ganzen
tagen mit dir

mit dir genießen,
mich dir hingeben

mit dir bewusst werden,
was wir uns sind

Sehnsüchte

Habe den ganzen Tag
deine Liebeserklärung gelesen,
wieder und wieder.

Mir ist so
herrlich schwindlig.

Möchte mich fallenlassen,
in dich hinein.

Aufgefangen werden,
ausruhen in deinem Schoß.

Dich immer und immer
wieder erforschen.

Seiten neu entdecken,
dich erlernen.

Mich finden
und glücklich sein.

Lieblingswetter

Im Moment regnet es in Strömen
und ich höre einen Rhythmus heraus.

Immer wieder wispern die Tropfen
mir deinen Namen.

Sie flüstern ihn mir zu,
rufen mich zu dir.

Du bist zu schön
um wahr zu sein.

Lebst du wirklich?
Ich hoffe auf dich.

Mein Sturm, Du!

Ich reite seit Tagen
auf sturmgepeitschter See

- und ich liebe das Meer -
von Wellental zu Wellenspitze.

Lasse die heftigen Wogen
meiner Empfindungen in mir toben.

Intensität ist nicht länger
nur ein Wort.

Liebe

Trotz aller Wünsche nach Nähe,
bis zum Einssein mit dir,
freue ich mich unbändig
auf den wundervollen Weg
hin zu diesem Ziel.

Jede Trennung von dir ist zugleich
auch ein versprochenes Wiedersehen.
Schürt die Leidenschaft,
erschafft Traumbilder und Fantasien.
Ein Universum, unseren Rosengarten.

Wir haben uns einander ausgeliefert.

Glaubensbekenntnis

Die Träume des Tages
werden mir immer kostbarer.

Wohingegen meine Nächte
den sonnenbedingten Tagträumen
eines Vampirs ähneln.

Sie sind leer und dunkel,
zeigen keine Bilder von deinem,
in meiner Fantasie geborenen Antlitz.

Nur der Tag, der unendlich wache
und überschäumend glückliche Tag

ist es, der mich wissen lässt, was
- ich weiß nicht wer -

für Liebende an Schönheit
und Erfüllung ermöglicht hat.

Es wäre ein Gott,
an den ich glauben mag.

Liebes Dilemma

Ich bin mir nicht sicher
welche Tage ich mehr lieben soll.

Die ungeraden, an denen ich dir
meine Liebe in einem Gedicht gestehen kann.

Oder die geraden, an denen mein Herz
durch deine Worte Flügel bekommt.

Ich werde mich einfach
ein wenig später entscheiden ...

Jedenfalls gelingt mir
das Schreiben an dich so leicht

wie das Atmen
auf einem Waldspaziergang.

Zweifelhaftigkeit

Zum Glück habe ich
an Übung gewonnen,
den Tag

ohne deine direkte Berührung,
ohne den Klang deiner Stimme,
ohne den Blick in deine Augen

zu überstehen.
Aber ich frage mich doch,
ob das Glück ist ...

Tagtraum

Erinnerung erzeugt den Bann
und Sehnsucht schleicht sich leise an.

Auf samtig-weichen Pfoten,
ein Klang aus streichelsanften Noten.

Der zart geküssten Lippen Glück
kehrt wie von Zauberhand zurück.

Augen schließen sich sofort,
heraufbeschwört der schöne Ort.

Deiner warmen Haare Duft
liegt von da an in der Luft.

Ein Windhauch streichelt meine Haut
wie deine Zärtlichkeit: vertraut.

Nur eines lässt das Bild verweh'n
mein Verlangen, dich erneut zu seh'n.

So tauch' ich auf mit neuer Kraft.
In mir entfacht: die Leidenschaft.

Sara Margaux

Kleine Nervensäge,
die es nie gewesen ist ...

Bist so klein und zart und schön;
noch immer ganz die meine.

Die beste Geschichtenerzählerin.
So lebendig, das ich erwache und lachend staune.

Bist stets zu erkennen,
trägst Inneres außen.

Siehst täglich zuletzt in *meine* Augen.
Und vergisst mich sofort.

So ganz und gar anders als ich,
den dein Lächeln begleitet.

Ich wünsche dir,
dich so zu behalten.

Und mir,
mich so zu erinnern.

Aube

Mein Tagewerk, im allzu zähen Fluss der Zeit
- die Gedanken ließ ich schweifen -
war ich nur ungern zu erledigen bereit.
Wollt' doch allein nach dir hinaus nur greifen.

Es nahte - viel zu spät - der so verbrachten Stunden Ende.
Erlöst von meinem Zwang, sofort nachhaus' ich eilte dann.
Mein Körper bebend und zitternd meine Hände,
sah ich des Liebesboten Antlitz an.

Sein leises Klingeln, wurd' mir zum lieblichen Gesang.
Mit herzschlagwachsendem Entzücken
genoss ich aufgeregt den fesselnd-süßen Klang.
Bereit, der Welt nun zu entrücken.

Mein dir ergeb'nes Herz begann zu hüpfen.
Sein Schlag den ganzen Körper mir ergriff.
Erfüllt von Sehnsucht anzuknüpfen
versank's zurück in unserer Träume Schiff.

Das Bildnis

Nun denn, voran!
Schnell ist das Werk vollbracht.
Doch denket auch daran:
es war vom Jahr die letzte Nacht.

Und bedenket dann auch dies:
des schlechten Malers Schuld es ist.
Erst kurz zuvor die Muse ihn verließ.
Ich möcht', dass ihr das wisst!

Hinzu kam dann erschwerend noch:
mein Denken weilte nicht bei Euch in diesem Augenblick.
Wie blind war all mein Sehnen doch,
wie unbestimmt nur war mein Glück!

Doch was uns ewiglich wird bleiben
- dies Wissen haltet auserwählt -
ist meine Art Euch Leidenschaft zu schreiben,
bis meine Tage werden sein gezählt.

In der Stimmung für einen Liebesbrief

Soeben rief die Sehnsucht bei mir an.
Sie wollte mein Verlangen sprechen,
wegen einer Auslandsreise in den Süden.
Das traf sich gut,
schwelgte ich doch gerade in Erinnerung.
Zurückgezogen mit meiner Einsamkeit.

Ich darf's verraten:
die Sehnsucht sprach mit deiner Stimme.

So packte ich die Leidenschaft am Kragen
und stopfte sie zur Fernweh,
die stets in meinem Koffer schläft.
Dann hob ich ab und traf dich.
Mitten im Gedankenflug
hinaus durch die erwärmte Winternacht.

Bei Teresa

Den quälend Hunger mir zu stillen
zu Euch, Helena, ich heute kam.
Teils zog's mich gegen meinen Willen,
zu tauschen meiner Seele Gram.

Die Leere der Entfernung wich sofort,
die Vertrautheit ließ mich schweben.
Freudig las ich ein jedes Wort.
Erneut nur Euch allein vergeben.

In aller Offenheit geheim.
Für Euch und mich in Sicherheit genug.
Verdacht durch Poesie erstickt im Keim,
übten wir an den Betrügern den Betrug.

Erfüllung fand die heiße Sucht zu Sehnen.
Wenngleich ... des Augenblickes Schickal war der Tod.
In Ewigkeiten meint' ich mich zu wähnen,
dein Lächeln war mein Morgenrot.

Bis dann des ersten Vogels Ruf
- wie schnell nur war die Zeit verflossen -
die Stund' des Abschieds uns erschuf
und Tränen wurden still vergossen.

Helena

Erneut von Sehnsucht war die Luft geschwängert,
so voller Worte war mein Fühlen noch.
Wie gern hätt' ich den Aufenthalt verlängert
Ein wenig salzig auch, die Luft mir roch.

Doch unerbittlich war der Sonne Laufen,
der Morgenvogel folgte der Natur.
Die Stund' auf Euren Namen will ich taufen,
Euch dort zu treffen, mein herzenstiefer Schwur.

Und doch, die letzte Nähe stets mir fehlt.
Nun ist es aber keine Frag' von Schuld,
das Schicksal hat's für uns so ausgewählt.
So mess' ich mich an Eurer tapferen Geduld.

Doch nun auch Schluss mit selbstmitleid'gen Klagen.
Denn teilten wir nicht mehr, als so viel and're?!
Viel lieber mag mein Herz den Ausblick wagen.
Auch wüsst' ich nicht zu sagen, mit wem ich lieber
wand're.

Und wirklich mischte sich dann heute
geträumte Zukunft in Vergangenheit.
Nicht ein verweg'nes Sehnen ich bereute.
Ich ließ mich fallen, mich zu vergeben gern bereit.

Ich fühlte dann ganz sanft in meiner Brust,
vereint im engumschlung'nen Wolkentanz mit dir,
die stetig wachsende Begierde meiner Lust.
Ich wünsch, du könntest bleiben. Ewiglich, bei mir ...

Liebeserklärung

Meine Wortgewandte, Ihr!
Mögt mich betören,
verzaubern ganz und gar.

Mit Eurer zweiten Zeile schon
erklärt Ihr Eure Liebe mir.
Ihr schreibt inmitten einer Nacht.
An mich.

Die Wut zu formulieren nun
in meinem Maß der Leidenschaft,
verdrängt mir jede Müdigkeit.

Mein Denken kreist um jenen Hunger nur
den Ihr entfacht' und stillt zugleich.
Wie nur, hab' ich mir das verdient?

Lebensphasen

die dich schweigen lassen?
Sie schrecken mich nicht ab.
Zufall,
dass ich dir heute schreiben kann.
Mag sein.
Und doch viel mehr auch
Lust.
Ich mag dir schreibend folgen
in deine Schweigsamkeit.
Was sind schon Zeit
und Schweigen
für zwei, wie uns?

Briefpost

Lies doch einfach
nur die Worte.
Siehst du
mich darin?
Dann schweig'
mit mir dasselbe.
Und ich
weiß in diesem Augenblick
so fern von dir
mein Lächeln
sacht in deins gemischt.

köstlicher Selbstbetrug

Habe das Fenster ein wenig geöffnet
und meine Hand nass werden lassen.

Küsse die Tropfen vom Handrücken
und wünsche, es sei die Haut deiner Lippen.

Warm und rot und weich;
feucht vor Verlangen.

Die Lippen, die all die wundervollen Worte
deiner geheimen Botschaften sprachen.

In lautloser Begeisterung
als du sie träumend an mich schriebst.

Begegnung

Ein Fund,
dessen Bedeutung und innere Tiefe
schmimmernd Sehnsüchte
anspricht und wachsen lässt.

Ein Feuer,
angefacht und bezaubernd,
das die dunkle Zeit des Jahres
erleuchtet und erfüllt.

Ein Anlass,
schreibend
das Alleinsein für Momente
zu vergessen.

Ein Neubeginn,
unerwartet, im November

Früh am Morgen

Ich sitze
unter dem Dachfenster.
Unter einem grauen
Novembermorgen-Himmel.
Es ist windstill,
doch nicht lautlos.
Das Summen des Computers
hinterlegt die berauschende Melodie
der klickenden Tasten
unter meinen Fingern.
Ich bin an meinem liebsten Ort.
Mit ein wenig Zeit
meine Gedanken schweifen zu lassen.
Warme Innenwelten auf den kalten,
leuchtenden Bildschirm zu bringen.
Mich berühren zu lassen
von deinen Worten
aus der zurückgelegten Nacht.

Gestern

Ich hätte die Berührung
allzu gerne konserviert.
Doch wie weiß man,
dass man Haut
zum letzten Mal berührt?

Ich hätte das Gefühl
so gern erneut gespürt.
Doch nun weiß ich,
deine Lippen haben mich
zum letzten Mal verführt.

Ver-spielt

Wir jonglierten
leidenschaftlich wild
mit unseren großen Worten.
Sprachen nur
im heftigsten Gefühl.
Bis einer irgendwann
den hoch geworf'nen Ball
nicht länger fangen wollte.
Jetzt frag' ich mich,
wer hat es angelegt
das Maß „Ich liebe dich!"?

Ja!

Hänge dich ein bei mir
auf dem Spaziergang.

Wir werden nach hinten
und nach vorne sehen.

Vieles auch von dem wahrnehmen
was abseits des Weges liegt.

Unser Lachen und Weinen
erklären und ergründen.

Oder uns einfach still
und ohne Worte hinnehmen.

Mitunter sogar
das Selbe schweigen.

Eintauchen

Ich liebe es,
einzutauchen in Sprache.
Alle Konventionen und Schreibregeln
zu vergessen.
So, dass Sätze entstehen,
die sich über eine halbe Seite erstrecken.

Mich fasziniert es,
über Gefühle zu schreiben und zu lesen.
Mich zu erschreiben.
Einsichten und Erkenntnisse
aus mir selbst heraus zu finden.

Ich genieße es,
mich zu erkennen und zu verändern.
Oft nach einem kleinen Input
von anderen.
Gib mir ein Stichwort ...

Gelassenheit

Schreibpausen gibt es immer wieder.
Pausen, in denen es für tiefe Gedanken,
ob ruhig oder aufgewühlt,
keine Zeit oder Möglichkeit gibt
zu Schwarz auf Weiß zu werden.
Wenn der Alltag mich zermürbt hat,
wenn die Müdigkeit zu groß geworden ist.

Ich akzeptiere sie.
Ein Jahr ohne Gedicht ist mir unwichtig.
Das Leben in mir gebiert
irgendwann ein neues Kind.
Immer wieder begegnen mir
Menschen, die mich befruchten.
Schreiben ist Leben, nicht umgekehrt ...

Kritik

Ich kenne mich
und ich mag mich auch so,
wie ich nun einmal bin.
Dennoch brauche ich
Bestätigung durch andere.
Wie jeder sie benötigt.
Vielleicht auch mehr,
wie andere kreative, künstlerisch Tätige.
Wir suchen Gleichgesinnte
und den Austausch mit ihnen.
Wir lieben den Applaus, leben für ihn.

Kritiker gibt es in zwei Kategorien.
Diejenigen, lauten,
ohne fundiertes Wissen von mir
um ernst genommen zu werden.
Die anderen, behutsamen,
mit allem Recht dieser Welt,
das sich begründet aus dem,
was sie mir geben: sich selbst.
Offen, wahrhaftig, ungeschminkt.
Warmherzig und mitfühlend.
Ihr einziges Wort lässt alle anderen
unbedeutend und leise werden.

Was „irgendwer" denkt
über meine Worte, über mich,
kann mich nicht treffen.
Die, die ich liebgewonnen habe,
aus den verschiedensten Gründen,
zeigen echtes Interesse.
Allem „Negativen" gegenüber
heißt meine Taktik
„selbstironisch mit den Wölfen heulen.

Mein Stil?

Ich versuche halt alltäglichen Worten
eine neue Bedeutung zu geben.
Gefühle zu beschreiben
ohne sie beim Namen zu nennen.

Worten eine andere Bedeutung
als die naheliegende zu geben.
Ehrliche Gefühle in kleinen Momenten
direkt aufs Papier zu bringen.

Hineinhorchen und hinaussehen
ist das ganze Geheimnis.

Liebe Freundin

Mein zweites Licht an diesem kalten Morgen.
Ihr schreibt von Schweigeminuten,
ich von Schreibblockaden.
Und nun haben wir uns ein langes Wochenende
mit Worten sanft erschlagen.

Ich gestehe, ich habe diesen „Tod" genossen!
Es hat etwas von einer Häutung und Neugeburt
Euch zu schreiben, Euch zu lesen
und erneut zu schreiben. Endlich wieder!
Mir schwirren Liebeserklärungen im Kopf umher.

Ich muss mich entscheiden für eine.
Lasst mich Euch also schreiben:
Ihr entwickelt Euch zu meinem Lieblingskatalysator!
Meine Müdigkeit wird aufgesogen
von der Leidenschaft unseres schreibenden
Umkreisens.

Das erste Licht des Morgens ist der gefallene Schnee,
der noch unberührt auf allem liegt.

Unter dem Dachfenster

Du erinnerst dich ...
Der Himmel ist unsichtbar, verborgen.
Hinter Schneekristallen auf dem schrägen Glas.
Eine weiße Schicht, durch die hindurch
der das Licht reflektierende
helle Untergrund dort draußen
dem kleinen Zimmer und seinem Inhalt
schattig-graue Konturen verleiht.

Alles ist ruhig im Haus.
Bis auf mich.
Ich bedaure, dass meine Antwort
dich heute nicht mehr erreichen wird.
Ich hasse den Grund fast.
Disziplin, Sachzwänge ...
qualvolle Stunden in denen Gedanken
sich lösen müssen von dir und uns.

Die reale Welt zwickt wie eine Fessel.
Enger werdende Räume
machen das Ausbreiten
meiner erregt zitternden Flügel zur Pein.
So geht dann vieles an Gedanken,
die schreibenswert wären, verloren.
Vielleicht ist das mein Schicksal,
meine Art der Lähmung, der ich
unterworfen bin.

Alles ist ruhig im Haus.
Alle schlafen noch.
Mein verwehter Geist hat die Nacht verlassen
mit ihren nun schon unbekannten Träumen
Und doch, ich bin noch immer
ein wenig beim gestrigen Abend.
Muss eine große Liebe auch immer
eine große Tragödie sein?

Xena

Mittelmäßige Verfilmung
trivialer Groschenroman-Episoden.
Und dennoch lasse ich es zu
wenn stilistisch professionell
auf die Tränendrüse gedrückt wird.
Liebe fasziniert mich.
Die Darstellung ihrer reinsten Form
rührt mich an.
Es verstärkt meinen Glauben
dass es das Ideal ihrer Art
auch in der Wirklichkeit geben muss.
Und der Schmerz, der sich
in ihrem Gefolge verbirgt
und ausbrechen und zuschlagen kann,
berührt mich umso mehr.
Ich denke, diese Welt wäre eine bessere,
wenn Männer weinen könnten
wann immer ihnen danach zumute ist.

Briefe

Das Schöne
an dieser Art des Gespräches
ist die Möglichkeit
so richtig eintauchen zu können
in die Worte des anderen.
Mit dem eigenen Tempo.
Immer und immer wieder
die selben Worte lesen,
deren Bedeutung sich oftmals
erst nach und nach in allen
Facetten und Nuancen offenbart.
Das ermöglicht
ein intensiveres Erkennen und Verstehen.
Dieses Schreiben bedeutet
den rasenden Fluss der Gedanken
kanalisieren zu können.
Viel besser als beim Tikkern
das so beschränkt ist.
Viel besser als am Telefon
wo die Fülle der wirbelnden Gedanken
oft Sprachlosigkeit bewirkt.

Zögere nicht

Du darfst alles wissen über mich
was du wissen magst.
Ich weiß es ja auch
und komme zurecht damit.

So, wie du möchtest,
dass ich umgehen soll
mit deiner Verletzbarkeit,
wirst du es mit meiner tun.

Ich weiche schon nicht
heimlich aus.
Alle STOP-Zeichen
mache ich deutlich sichtbar.

Jedes Abweichen von der Offenheit
ist nicht mehr als Selbstbetrug.
Also bitte, sei nicht zaghaft.
Eine Entjungferung wird dir nicht gelingen.

Nette Übertreibung dieser Art

Sag mal, willst du wirklich
vor mir sterben?
Das müsst' ich dir verbieten!
Ich denke nicht daran,
an ein Ende zu denken,
wenn ich an dich denke!
In diesem einen Punkt
verweigere ich mich dir.

Wo etwas liebenswertes
greifbar wird
geraten meine Briefe
wohl zu Liebesbriefen.
Ich muss dir keine solchen schreiben.
Soweit schon klar.
Aber so bin ich eben,
ich kann halt lieben nur.

Bekannte Lähmung

angesichts der ... Sprachgewalt.
Ein seltsames Wort;
ist es doch so gar nicht
von Gewalt geprägt,
unser langes Schreiben.
Doch ich wusste sofort
was du meinst
mit diesem Gefühl.

Und nun, nach deinen Worten
fühle ich es auch.
Ich möchte alles zugleich hinausrufen
und bin dadurch wie paralysiert.
Ich setze mich hin
und bewege mich gleitend
in den Strom der Gedanken.
Empfange den erlösenden Kuss
und beginne zu schreiben.

Mag sein, diese Lähmung zuvor
ist eine Art von kreativer Atempause.
Ein Luftholen, ein programmiertes,
verstecktes brain-storming.

In meiner Post: Du

Habe deinen Brief erhalten.
Konnte es nicht lassen
ihn zu überfliegen.
Trotz des eh' schon
aufgewühlten Zustands;
unfähig so, ihn angemessen
auch zu würdigen schon da.
Hatte es für morgen erst geplant,
da ich wusste,
dass alles andere mich heute
ablenken würde von der Beantwortung
deiner Zeilen.
Zu spät! Ich überflog ihn gierig.
Und doch, mit großer Mühe nun
versag' ich mir
meiner Begeisterung für dich
umfassend Ausdruck zu verleihen.
Nur eines doch:
ich bin so stolz und glücklich
im kleinen Kreis der Kenner deiner Lyrik.

Liebesbriefe

Ja, wir schreiben solche.
Ganz von Beginn an
schlendern wir umarmt
durch neue Landschaft,
wie ein Paar Liebende.
Nicht ganz klassisch - einander liebend -
vielmehr dasselbe lieben wir.
Die Macht und Schönheit
von aufgeschrieb'nen Innenwelten.
Und so geseh'n bereitet's mir
nun keine Scheu
von Liebesbriefen auch zu schreiben.
Oder nennen wir sie „liebe Briefe"?
Nein, das klingt so niedlich,
so wenig angemessen tief und weit.

Ein lächelndes Nein

Ich bin kein Wunderkind.
Nur eines das,
groß geworden,
nicht lassen kann
vom Wundern.

Ist das ein Wunder,
bei Kindern dieser Welt,
in der wir abgeschieden
manchmal leben?
Du, wie ich.

Online-Liebe

Entrissen aus der realen Welt,
wie nie zuvor und nie danach.
Von einer Göttin, die mir schrieb
dass sie mich liebe.

Eine, mit deren Worten auch die meinen
den Schritt nicht lange halten konnten.
Unfähig zu widerstehen, gab ich mich hin.
Schwebend entsagte ich dem Boden.

Verlor Verstand, wie Wirklichkeit
und ließ mich fallen.
Trotzt des immer nahen Endes
ganz klar vor meinen Augen.

Ich musste sie erst zweimal treffen
um zu empfinden und dann zu wissen,
wie hohl nur die Gefühle waren.
Nicht echt, nicht wirklich tief.

War nur verliebt in ihre Liebesworte
und das Gefühl, das mir das gab.
War nur verliebt in meine Fähigkeit
mich auszudrücken in ihrer Sprache.

Leben

Die Angst,
das Intensive und Schöne,
das beglückend Berührende
zu verlieren
habe ich auch.
Es ist so wichtig
diese Momente
auch wirklich zu erleben.
So wach
und zur Aufnahme fähig
wie möglich.
Soviel aufzunehmen
wie es nur geht,
um davon zu zehren
nach ihrem Vergehen.
Gefühle, Glück und
erfüllte, kleine, perfekte Momente
bewahren.
Und bei geteilten, wie den unseren
ist's noch bedeutsamer.
Zum Glück kann man Briefe
eine Ewigkeit genießen.

Wortakrobat

Ich sehe eine lächelnde Frau
beim Denken und Niederschreiben
dieses Wortes.
Ich glaube, ich weiß,
wie du es meinst:
liebevoll lächelnd halt.
Mit blitzenden Augen,
die besser als jeder Mund
zu schmunzeln versteh'n,
zur Welt gebracht.
Geschmückt mit Zauberworten,
mit einem warmen
'mein' und 'liebenswerter'
noch davor.
Ich höre fast, wie du es flüsterst.
Ganz so, als wär' ich bei dir
wenn du zu Bette gehst.
Und eintauchst in die Träume
deiner so geliebten Nacht.
Mit diesen Worten als den letzten
auf deinen zarten Lippen.

Bebend

Ich kenne Eure Briefe mitlerweile
fast wortgetreu in meinem Kopf.
Viel besser als die meinen noch an Euch.
Ich bin berauscht vom Lesen Eurer Zeilen
und nicht viel weniger vernarrt in meine.

Ein wenig schwindelt es mich schon
wenn ich so leidenschaftlich an Euch schreibe.
Die Gefühle, Euch auf diese Weise zu begegnen,
sind ohne Schwärmerei in Worte nicht zu fassen.
Ich werd' nicht Leidenschaft mit Kühlheit wechseln.

Wenn ich als Freund von Liebe schreibe,
versteht es nicht als spielen mit Gefühlen.
Ein Spiel mit Worten ist's schon eher.
Gefühlte Worte ... sehr viel mehr.
Es ist wie träumend schreiben.

Doch träumerische Seifenblasen,
wie's viele andere verlangt zu tun,
erschaffen wir uns nicht.
Es würde uns und uns'ren Worten
die unbefleckte Reinheit nehmen.

Mein Sehnen hat ein Ziel, wie Eures auch.
Doch blickte ich in Eure Augen,
ich könnt' nicht länger an Euch schreiben.
Tauschte ich die Art der Liebe,
ich würde diesen Schatz verlieren.

Ausblick

Den Punkt unseres Spazierengehens
an dem wir zurück sehen werden,
den wird es geben. Irgendwann.
So, wie man rasten muss, um auszuruh'n.
Ich weiß schon jetzt,
nach ein paar Tagen nur,
wie liebenswert du bist.
In mir ist keine Angst
die es unmöglich macht
genau das auch zu tun.
Meine Freundin, meine Schwester.
Mein Objekt der Begierde
in diesen beiden Bedeutungen:
Ich vertraue mich dir an.

Hingerissen

Und ich will *dein* Poet sein.
Es wäre ausreichend genug
wenn nur du allein
mich lesen würdest.
Nie zuvor erreichten meine Worte
eine and're so wie dich.
Ich habe dich
mein Leben lang gesucht.
Dir immer schon geschrieben.
Ich kannte dich bereits
lange, bevor ich dich fand.
Ich liebe den Gedanken,
dass es Seelen gestattet ist
mehr als einmal nur
in dieser Welt zu wandeln.
Es macht auch Sinn,
wenn man bedenkt
das die eig'ne Seele
immer wieder einmal
fehlende Splitter in anderen Menschen
entdecken und berühren kann.
Wie anders soll ich mir erklären,
das du mir vertrauter bist
als es irgendwelche acht Tage
zu bewirken vermögen?
Sie wären undenkbar,
hätte ich sie nicht selbst erlebt.
Und es werden weitere acht Tage sein.
Und weitere ... und mehr.

trunk'ner Taumel

Besitz von mir ergriffen
haben deine Worte. Unentrinnbar.
Mit all ihrem Licht
einen kleinen Schatten werfend
der da heißt
Gedanken ... an eine Pause.

Der Gedanke an das Reden
ohne ein Beisammensein
hat eine angenehme Dominanz.
Es wird noch früh genug mal
ruhiger um uns werden.
Jetzt will ich weiter tanzen.

Um dann Gedanken an dich
loszulassen und jede Biegung
die uns trennt, zu akzeptieren.
Mit dem Wissen, dass wir
einander nicht verloren gehen.

Dein Platz in meinem Leben
ist sicher wenig virtuell.
Ganz anders als die Küsse
und das Lächeln, die wir tauschen.
Ich nehm' dich spürbar wahr.

Nach dem Telefonieren

Hast du den Grund
für deine Traurigkeit erkannt?
Liegt er nicht doch auch
in der Feinheit deines Fühlens?
In dem Gehör für stumme Schreie?
Ganz sicher gab es die
in meiner 'tapf'ren' Stimme.
Ich war nicht ganz an jenem Ort
den ich für mich ersehnte.
Ich wollte fliehen, hin zu dir.
Um das Angebot
für eine einfache Umarmung
anzunehmen.
Ich bin mir sicher,
du hast Erfahrung
und Fantasie genug.
Du weißt, worin ich stecke
mit all den Fesseln, die mich halten.
Ob unabstreifbar oder ... auch geduldet.

Unsterblichkeit

Ein kleiner, leiser Gedanke,
von einem Lächeln sanft getragen:

Was wird geschehen
mit all den Worten, die wir schreiben,
mit der Geschichte, die sie erzählen?

Steckt nicht in dem Papier,
das ihre Worte trägt,
Unsterblichkeit?

Wird sie nicht irgendwann
auch and'ren etwas geben?

Sie ermutigen, bezaubern,
berühren und erinnern?

Sternbild: Stier

Ihr müsst wissen,
wie mein Herz aus Magma,
kocht in meiner weiten Brust.
Wie es wogt und brodelt,
ganz besonders dieser Tagen nun.
Die inn're Schmiede meiner Worte
vermag nicht abzukühlen.
Das lohdernde Feuer,
der fließenden, heißen Lettern
erwärmt mich Tag und Nacht.
Mühelos fügen sich Silben
zu Schwertern der Leidenschaft.
Schwerter, deren Klingen sanft
das strahlende Licht
Eurer steten Anwesenheit
in mir reflektieren.
Es erflehen ... es zum Leuchten brauchen.
Schwerter, deren Schneiden heftig
ein Versprechen ewiger Zärtlichkeit
abzugeben ersehnen.
Ein Versprechen, niemals zu verletzen.
Sacht, ganz sacht möchten sie sich
einbetten und umschlossen fühlen
von der warmen Scheide,
die ihnen Eure Worte geben.
Gehalten, geborgen und umsorgt.

Der Blues

Meine Traurigkeit hält an.
Im Hintergrund meines Inneren
spielt ein endloser Blues.
Die leidig, alt-bekannte Melodie:
zur falschen Zeit am falschen Ort
und eigentlich im falschen Leben.
Möchte deine Stimme hören,
mich von dir erleichtern
und beruhigen lassen.
Muss stattdessen eine Maske tragen,
lächelnd ... professionell.
Melancholie hat mich ergriffen,
weil gestern alles
noch so einfach war.
Bin so lange nun schon müde.
Alles was mich letztlich hält
ist mein unbegrenztes Lächeln.
Innen, weil ich mit dir reden kann,
ohne das du bei mir bist.

Immer weiter

Es ist anstrengend mit dir,
meine liebevolle Wörterhexe.
Aber dieser Spaziergang
ist auch jede Mühe
und Aufmerksamkeit wert.
Im Moment fändest du mich
viel zu sehr mit mir beschäftigt,
als dass ich verzichten könnte,
auf das schützende Korsett,
das unser Schreiben mir ist.
Ich mag nicht ablassen davon,
nicht absichtlich verschnaufen,
bevor es sich von selbst ergibt.

An mein Herz

Guten Morgen, mein Herz.

Du weilst nicht mehr bei mir. Aber ich weiß, es geht dir gut, dort, wo du nun bist. Dort bei ihr. Sie versteht etwas von Herzen und dem richtigen Umgehen mit ihnen. Das habe ich immer gewusst und nun spüre ich es bis hierher.

Wir breiteten unsere Leben, unser ganzes Sein in der langen Geschichte, in der es zu dem geworden ist, was es ist, voreinander aus. Wir entblätterten uns nach und nach. Und es tat gut. Es war ganz anders als so, wie wir es zuvor auch in unserer Vergangenheit gekannt hatten. Es tut noch immer gut, derart nackt zu sein. Und es wird mir immer wärmer in dem warmen, sanften Wind, den mir ihre Worte verursachen.

Ich weiß dich gut aufgehoben bei ihr. Was mir im Moment zwar etwas Schwindel und Müdigkeit verursacht, so ohne dich, mein Herz, aber ich werde schon bald wieder zu Kräften kommen. Erzähle ihr davon.

Versprich ihr von mir, morgen mehr zu schreiben, als diese kleinen Zeilen. Lasse sie sie lesen, wenn du magst. Oder lasse sie einfach erneut in *dir* lesen. Sag ihr, sie soll dich einfach nur festhalten. Der Rest wird von alleine gehen.

Nein, ... - jetzt muss ich lächeln - ... der Rest wird von alleine *kommen*. Natürlich. Du siehst, wie müde ich an diesem Morgen bin.

Ihren langen Brief von gestern konnte ich nur schnell überfliegen. Und heute morgen finde ich noch nicht die Kraft erneut von ihr zu lesen. Ich erinnere mich an den Anfang ihrer vielen Worte. An die Fragen.

Bitte, mein Herz, erkläre es ihr. Meine große Liebe wird niemals dem Verlangen nachgeben mich ganz für sich haben zu wollen. Vorausgesetzt, sie will das überhaupt. Denkbar aber ist das für mich schon. Nur ungern lasse ich mich ein, dazu zu spekulieren. Aber gut, *sie* ist es, die mich bittet darüber nachzudenken.

Sag ihr, ich würde gehen. Nach einem langen Zögern. Nach Gesprächen und Erklärungen.

Sag ihr, dass ich gerade etwas verschwommen sehe, die Tasten nicht treffe ... alles korrigieren musste, damit es lesbar für sie wird. Ich weine, mein Herz.

Ich weine, weil mir bewusst wird, wie groß der Verlust für mich ist, wenn ich gehe. Und wie viel größer noch die Lücke sein wird, für jene, denen ich verloren gehe. Die ich mehr liebe, als mein Leben. Das wäre ein unendlich langer und schmerzvoller Kampf.

Und dennoch ... ich würde es tun, soweit ich das jetzt, vorher, sagen kann. Diese Liebe - meine und ihre, wenn diese denn bedeutet, dass sie mich ganz will - wären es mir wert den Weg zu gehen. Nur, die Realität sieht anders aus. Meine große Liebe kennt meinen Preis so gut, dass sie eher auf die Forderung nach dem großen Ganzen verzichten wird als diese Last zu tragen neben mir. Das, für sich allein, ist ein Grund sie zu lieben ich weiß...

Jetzt wird mir doch etwas kälter. So etwas sage ich lieber von Angesicht zu Angesicht, als es an sie zu schreiben. Aber das geht nicht. Noch nicht ...

Ich kann es nur erträumen.

Und du, mein Herz, bitte sie um Verzeihung wegen der wenigen Zeit, die ich ihr heute widmen konnte. Sag ihr, wie sehr ich sie liebgewonnen habe. Als Vertraute und Freundin. Und Kollegin und Menschin mit einem eigenen Herzen. Eines, das so ist wie du. Sie passt auf dich auf ...

Am Grab

Wieder einmal stehe ich vor dir.
Wie immer mit unterdrücktem Schluchzen.
Mit lautlos bebenden Lippen
der Leere meinen Schmerz erzählend.

Die Vergangenheit holt mich ein,
ein zwanghaftes Erinnern.
Wie die unnötige Folter trotz längst
herausgeschrieenem Geständnis.

Tränen beginnen sich Bahn zu brechen.
Mein Blinzeln bleibt lange erfolglos.
Auch diesmal vermögen die Tränen
den Schmerz nicht fortzuspülen.

Leise Worte entrinnen meiner Brust.
Ich erzähle den Steinen.
Eine neue Geschichte aus dem
nicht gelebten Leben mit dir.

Erinnerung

Ein inneres Seufzen lässt leise
silberne Spinnweben vergehen.
Warme Fluten legen Gefühle frei.

Hinter geschlossenen Lidern
fällt Staub von vergangenen Bildern.
Licht bricht sich Bahnen.

Ein Lächeln breitet sich aus,
macht die Leere erträglich.
Trostspuren verstärken Farben.

Am offenen Fenster nach Innen
besänftigt süße Luft die Trauer.
Deine Augen bergen Hoffnung.

Doch stilles Leid ohne Gnade
schleicht schmerzend sich ein.
Widerhall deines Schicksals in mir.

Gezeiten

In die angenehme Stille hinein wandelt sich das leise Ticken der Uhr an meinem Handgelenk. Es wird zu meinem Namen, flüsternd gerufen von deiner Stimme. Dein Bild entsteht und breitet sich in mir aus. Ich lausche für einen langen Augenblick dem Flüstern und mein Lächeln wird tiefer bei dem Gedanken wie kitschig das erzählt klingen muss.

Ich höre auf zu schreiben und schaue wieder aus dem erleuchteten Dachfenster. Der fast volle Mond strahlt ein wärmeres Licht aus heute. Vielleicht, weil auch du zu ihm hochschaust? So, wie vereinbart vor so langer Zeit?

Ja, auch du siehst diesen Mond. Wir betrachten ihn, sehen uns und sehnen hinaus in die Nacht. Einander entgegen.

Bis ich - gedankenverloren - beschließe, dir einen Brief zu schreiben. Dir zu schreiben von meinen Tagen. Die gefüllt sind mit angehäuften Geräuschen und Bildern und entleert von Berührung.

Von meinen mit Erinnerung und Tränen erfüllten Nächten. Die nicht enden wollend meinen Schmerz in ihren Schoß aufnehmen und vor dem Tag verbergen.

Von meinem Traum. Allnächtlich, ob schlafend oder wach wie heute. Ich weiß, du kennst ihn, ja. Mein Herzweh' hat ihn dir schon oft in seinem Leid mit stummen Worten erzählt.

Der Mond scheint mir über die Schulter, liest von meinem Verlangen deinen Lebensfaden aufnehmen zu können und ihn erneut einzuweben in meine Zukunft. Er drängt mich auch heute wieder in seinem fahlen Licht dir zu folgen. Doch ich traue seinem sanften Treiben nicht. Deine Stimme im kaum vernehmbaren Ticken der Uhr an meinem Pulsschlag verkündet eine stärkere Hoffnung. Unsere Zeit wird kommen. Anders, nicht heute Nacht. So werde ich einem leichteren Schlaf entgegeneilen, in dem ich dich schon auf mich warten weiß.

mutlosigkeit

mir kommt es vor, als sei ich heut'
ein allzu traurig klingend lied

von einer müden stimme
ganz leise vorgetragen

die letzte stille mir ersehnend,
das ende aller töne mir erflehend

endlich auszuklingen nun
und nie mehr angestimmt zu werden

in einen stummen schlaf versinken
um nur erinnerung zu sein

Der Tag beginnt

Die warme sanfte Stimme
spricht meinen Namen.
Lockend und schmeichelnd.
Von diabolisch lächelnden Lippen,
ganz nah an meinem Ohr.
Ihr Klang erfasst mich
wie eine Schockwelle.
Lässt mich in wissendem Schrecken
erstarren.

Am äußeren Abgrund taumeln.

Ein Gedanke nur
beherrscht die Panik:
'Jetzt bloß nicht weinen ...'
Ruhig atmen.
Die Angst ... niederkämpfen.
Kontrolle erlangen. Verschließen.
Fliehen ... unerreichbar werden, innen.
Was tot ist, schmerzt nicht mehr ...

Ich erwarte die Berührung.

Seine Hand in meinem Nacken.
Wie gewohnt, das hilft ...
Ein aufgezwungener Blick,
das kalte Funkeln darin.
Zuckende Mundwinkel
umrahmen ein lüstern verzerrtes Gesicht.
Die Hand drängt ungeduldig.
Hin zum schlimmsten Moment:

Lippen, hart auf meine gepresst.
Kurz nur, hab' Glück heute.

Was folgt, ist Gewohnheit.

Spüre seine Eile und Ungeduld
Sonst nichts.
Ins verbliebene Bewusstsein
dringt leises Vogelgezwitscher.
Ich lausche, finde den Halt darin.
Bis sein Körper sich löst.
Noch ein Blick in seine Leere.
Sprechende Lippen ... tonlos.
Ich verstehe nicht.
Nur die Vögel singen.
Unaufhörlich.

06:11 Uhr. Der Tag hat begonnen.

26. Dezember

05:37 Uhr.
Der Postbote kommt gleich.
Muss mich beeilen.
Heute wird der Brief von Uwe kommen.
Ich darf den Schlüssel nicht vergessen.
Marion wird mich nicht wieder hineinlassen.
Wie schon einmal.
Und dann erkälte ich mich wieder.
Sie ist so herzlos.
Ganz anders als mein Uwe.
Uwe schreibt mir.

Das Treppenhaus.
Sieht so dunkel aus heute.
Weiß gar nicht wie spät es ist.
Es ist Winter, langsam wird mir kalt.
Ich mag diese lange Treppe nicht.
Sie ist so unbarmherzig.
Wie Marion.
Aber Uwes Brief wird gleich kommen.

Meine Füße tun weh.
Ich hab' schon wieder die Pantoffel nicht an.
Marion darf das nicht merken.
Sonst schimpft sie wieder.
Die Stufen sind eisig.
Scheinen heute mehr zu sein als sonst.
Darf nicht immer mit nackten Füßen hier 'runter.
Muss schnell machen.
Den Brief holen.
Und zurück nach oben.
Bevor Marion kommt.

Der Postkasten.
Endlich.
Hoffe, ich bekomme ihn schnell auf.
Meine Hände zittern.
Es ist wirklich kalt heute.
Winter.
Das Schloss springt auf.
Leer.
Der Postbote war noch nicht da?
Auch die Zeitung fehlt schon wieder.
Wie gestern.
Seltsam.
Früher, als Uwe noch hier gewohnt hat,
wagte keiner die Zeitung zu stehlen.

Ich werde mich setzen.
An den Fuß der Treppe.
Und warten.
Auf die Post.
Den Brief.
Von Uwe.
Auch wenn Marion mich findet ...

Fühle die Füße gar nicht mehr.
Werde müde.
Der Postbote wird mich wecken ...

Gestern - heute ... morgen

Du gingst fort, die Zukunft suchen.
Ohne mich.
Manchmal mochte ich dir folgen.
Doch weiter, als bis zu deinem Grab
gelangt' ich nicht.
Die Trauer
ist fast verfloge schon.
Melancholie
trägt die Erinnerung viel mehr.
An uns'ren letzten Tanz,
den letzten Kuss,
den letzten tiefen Blick
in deine ungebroch'nen Augen.

Den pas-de-deux,
ich geb' es lächelnd zu,
tanz' ich noch immer nur allein.
Und auch das Lippenpaar,
das ich als letztes küsste,
war das deine.
Nur neue Augen-Blicke
hab' ich seitdem gewagt.
Doch auch das Tanzen und das Küssen
werd' ich nicht ewig lassen.
Denn irgendwie und irgendwo
fing irgendwann
die Zukunft bereits an.

Sargtraum eines Vampirs

Ewig fröstelnd lag ich da
in meiner kalten Kiste.
Ein Sehnen nur geblieben war,
das letzte auf der Liste.

Zu lindern meiner Knochen Pein,
ist was ich mir erflehte.
Mit einem warmen Ofen fein,
doch fehlte mir die Knete.

Ratenzahlung ... - Ja, das wär's!
Dem Versandhaus gilt mein Dank
'Nen Sprung macht nun mein totes Herz:
Ich bestell 'ne Sonnenbank ...

Traumschiff

1. Akt - Der Beginn

Wenn Tage sich zur Ruhe betten
und du nicht lassen kannst vom Chatten
werd' ich dich schnell erretten.

Du gibst mir einfach deine Nummer
und ich befreie dich vom Kummer;
bei reichlich Sekt und Hummer.

Wenn deine Stimmung dann gelöst
und du die Hemmungen verstößt,
hab' ich dich schnell entblößt.

Im Kontakt zur Honigschnake dann,
per SMS (so dann und wann)
fang ich live zu erzählen an.

Und d'rauf am nächsten Tage schon
steht hier, wie man per Telefon
zum Platzen bringt die Illusion.

Und in des Tages hellem Lichte
dann die Moral von der Geschichte:
Lies Ingos helfende Gedichte ...

2. Akt - Die Konsequenz

Der Honigschnaken Feder
erlag bisher noch jeder.
Kräftig zieht sie vom Leder.

Zu deutlich klang das „Kusch!"
Des Poeten Arbeit: Pfusch!
Nun brennt er doch, der Busch ...

Bittest du im Dialoge sie
zu zügeln ihre Ironie
liest du: „Fick dich ins Knie!"

Das raubt mir meine letzte Kraft.
Sie weiß genau, wie Frau das schafft.
Bis wieder diese Lücke klafft.

Ich bekomme 'ne Blockade.
Was auch für euch ist doch sehr schade.
Wie der Verzicht auf Schokolade.

Dann nehm' ich mir 'ne Woche Pause,
sitz' heulend rum, bei mir zuhause.
Einsam, in der Poetenklause.

So also nun mein Wunsch zum Schluss,
zu lindern mir den arg' Verdruss
und euch zu steigern den Genuss:

Seid sanft zum lieben ingo*
sonst er bald schon nicht mehr da.
Und es bleibt bei *einem* schönen Jahr...

3. Akt - Das reuevolle Ende

Sollte die Schnake schmollen?
Genussvoll dem Poeten grollen?
Wer könnte das schon wollen?

„Ich nicht!" - lass' mich das sagen.
Kann ich doch Schweigen kaum ertragen.
(Die Tat bereitet Unbehagen ...)

Werd' ich dem Schicksal noch entrinnen?
Wie nur, dich zurück gewinnen?
Jetzt fang' ich an zu spinnen:

Sag' an die Opfergabe,
die mich bringt aus diesem Grabe,
zurück in deine Honigwabe.

Anders darf es nicht enden:
du musst dich mir zuwenden!
Oder 'nen Abschiedsgruß mir senden ...

Die Kaffeetasse, die geliebte

Oh Tasse, mein!
Du porzellane Hüterin
der dunklen Unergründlichkeit
in deinem Leib.
Zärtlich umschließt perfektes Weiß
die koffeine Droge meines Morgens.
Mein Blick taucht ein in deine Welt,
fährt mit verliebtem Strahlen
die sanfte Rundung deines Henkels lang.
Und lässt sich blenden von der Reinheit
deines schönen Körpers.

Ein vorfreudig Prickeln ergreift mir die Lippen.
Schon bald werd' ich ihre bebende Kühle
in einem lustvoll geschlürften Schluck
- einem heißen Kuss gleich -
zärtlich an deinen warmen Rand legen.
Werde mich hingeben
in unserem allmorgendlichen Ritual.
Werde dich hemmungslos aussaugen,
langsam, ganz langsam und immer wieder
von deiner inneren Berührung kosten.

Dich dann ein zweites Mal erfüllen
mit weich-glucksendem Kaffee.
Um die Vereinigung erneut zu spüren.
Auf meinen Lippen, meiner Zunge, in meiner Kehle.
Bis hin zum letzten Augenblick
und ich zur Arbeit eilen muss.

Wirst auf mich warten, meine Tasse du?
Warten in der Spülmaschine,
wo Teller und Besteck dir Gesellschaft sind.
Wo warmes Wasser dich mit 60 Grad
sanft reinigt und umspielen wird?
Ich freu' mich so auf unser Wiedersehen
schon morgen früh.

Die Banane

Ich mag dein Gelb.
Es ist anders als das der Sonne, ja.
Aber deines nur vermag ich anzuschauen.
Und sag' selbst, ist Gelb uns nicht
von allen Farben stets die Schönste?
Nur du allein kannst es dem Licht
der großen Wärme
auf diese Art entlocken.
Nur du allein erstrahlst in seinem Glanz,
der selbst durch meine Augenlider
tief in mich dringen kann.
Ich mag dich streicheln,
die vollendete Komposition
aus Ecken und Rundung
zärtlich berührend erforschen.
Wie nahe fühle ich mich dir,
wenn du fest und doch voll inn'rer Weichheit
in meine Hand dich schmiegst!
Ich mag dich in mich aufnehmen.
So ganz und gar!
Beseelt, gestärkt durch deine Kraft
die Welt verändern.
So gibst du alles was du hast.
Und ist es nicht genau auch das:
die denk- und fühlbar größte Liebe?

Gleich wirst du in mir sein,
doch sei nicht traurig oder voller Angst.
Deiner leuchtend' Schale
geb' ich ein würdig', gelbes Grab
in einem Beet aus Sonnenblumen.
Ich werd' am Fenster sitzen
dessen gelberfüllter Anblick mir
dich unvergessen bleiben lassen wird.

(Ich werde ihre lautlosen Schreie beim Aufpellen wohl
niemals vergessen. Und auch der wuchtige, erste Moment
unserer intensiven körperlichen Begegnung dann ist
seitdem unauslöschlich in meine Seele eingebrannt.)

Inhaltsverzeichnis

Der Autor

Ingo Hetzer wurde 1966 in Lünen, einer Stadt zwischen Ruhrgebiet und Münsterland, geboren. Heute lebt er unweit davon, in Cappenberg, einem Stadtteil von Selm, eingebettet in ausgedehnten Wäldern.

Der vorliegende Gedichtband „**Aus der Entfernung: Liebe**" ist der erste, den Ingo Hetzer veröffentlicht.

Seine ersten literarischen Gehversuche waren vor etwa 15 Jahren Randnotizen in Gedichtbänden von Kristiane Allert-Wybranietz, Jörn Pfennig, Hans Kruppa und Annette Christener-Ayasse, aus denen dann eigene Texte, meist Gedichte, entstanden. Einen Querschnitt aus diesen ersten Jahren mag irgendwann unter dem Titel „**Beim Anblick der Seerosen**" veröffentlicht werden.